AF586740

# PANDORE.

# PANDORE,

## *SCÈNE LYRIQUE,*

DÉDIÉE

A SON ALTESSE ROYALE

MONSEIGNEUR

FRÉDÉRIC-GUILLAUME,

PRINCE DE PRUSSE.

*Par M. de* SAINT-PATERNE,
*de l'Académie de Caſſel.*

A PARIS,

DE L'IMPRIMERIE DE PH.-D. PIERRES,
Imprimeur Ordinaire du Roi, &c.
rue Saint-Jacques.

M. DCC. LXXXV.

A MONSEIGNEUR

FRÉDÉRIC-GUILLAUME,

PRINCE ROYAL DE PRUSSE.

*Monseigneur*,

*Livré à l'étude de la Littérature Orientale, je ne renonce point dans mes loisirs au commerce des Muses; charme puissant & sublime, qui console l'homme sensible des cris des méchans, & du silence des ingrats,*

*J'ose dédier une Fable, à Vous, MONSEIGNEUR, qui n'aimez que la vérité, & qui n'êtes heureux que par elle.*

*Si le desir de Vous offrir cet Ouvrage m'a aveuglé sur l'insuffisance de mes forces, mon esprit aura été abusé par mon cœur.*

*La faveur que Vous accordez à cet Essai m'assure au moins de votre indulgence. J'ai dessiné les traits de la Statue; Vous seul pouvez l'animer.*

*J'ai l'honneur d'être avec le plus profond respect,*

*MONSEIGNEUR,*

DE *VOTRE ALTESSE* ROYALE,

Le très-humble & très-obéissant
Serviteur,
DE SAINT-PATERNE.

## AVERTISSEMENT.

Le ſujet de Pandore a paru pluſieurs fois ſur différens Théâtres; on n'a point tenté de le reproduire dans cette Scène Lyrique. Ce n'eſt ici que le développement des ſens d'un Etre, merveilleuſement organiſé par une main divine. J'en ai puiſé la premiere idée dans les Ouvrages de MM. le Comte de Buffon & D. D. S.; je dois cet aveu à l'Hiſtorien & au Philoſophe de la Nature.

Si l'on objecte que Pandore devient ſavante en un inſtant, on voudra bien ſe ſouvenir qu'Héſiode la peint comme l'objet des complaiſances céleſtes : la beauté, l'eſprit, qui vaut mieux qu'elle, les talens, tout lui ſut prodigué. Elle eut en partage la voix & la vigueur de l'Homme, unies aux nobles traits des Déeſſes. Les Heures la parèrent de fleurs ; les Grâces lui attachèrent un collier où brilloient l'or & le feu des diamans ; Minerve l'enrichit d'une ceinture ; Hermès lui donna le langage, & Vénus mit ſur ſon front un diadême d'or.

Si jamais cet Eſſai paroît ſur le Théâtre, on deſire que les intervalles de la déclamation ſoient remplis par une Muſique ſimple, & que l'harmonie, ſuppléant à la parole, peigne à grands traits ce que celle-ci n'aura fait qu'ébaucher.

# PANDORE,

## *SCÈNE LYRIQUE.*

Le Théâtre repréſente une campagne embellie par les plus riches productions de la nature ; on y voit des arbres chargés de fruits, & des gazons émaillés de fleurs.

( Pandore deſcend portée par un nuage qui la laiſſe endormie ſur le gazon. Elle eſt couchée, étendue, s'appuyant la joue ſur la main. Elle s'éveille ; la ſurpriſe ſe peint avec naïveté dans ſon geſte & dans ſon regard. )

PANDORE.

Où ſuis-je ? eſt-ce moi que je ſens ? je parois, le néant finit, & l'univers commence.....

( Elle change de ſituation par degrés, & s'aſſied. )

Le jour me luit ; le plaiſir deſcend de la voûte azurée en rayons brillans. Mon cœur palpite; un ſouffle générateur ſe répand, me pénètre & m'embrâſe.

Mes organes deviennent brûlans comme l'eſprit qui m'anime; mon exiſtence eſt toute de feu.

Je te ſalue, douce lumiere qui brilles à mes yeux! active comme ma penſée, tu es auſſi pure que mon cœur. Je te préfère aux faveurs que j'ai reçues de Minerve, d'Hermès & des Grâces; ſeule tu crées la beauté de la nature, puiſqu'elle ne peut exiſter ſans toi.

( Elle ſe ſoulève pour regarder le ſoleil. Elle en eſt éblouie. )

Quoi! le jour n'eſt plus! les Dieux me puniſſent d'avoir élevé juſqu'à eux mes regards & mon hommage: hélas, plus ingrate, j'aurois donc été moins punie!

( On entend une muſique imitant le gazouillement des oiſeaux, & le murmure des eaux. )

Eſt-ce un harmonieux & doux langage qui parle à mon cœur? tout en moi frémit de ſurpriſe & de volupté; chaque ſon retentit dans mon cœur, & ſe fait entendre alors même qu'il n'eſt plus.....

(Elle paroît plongée dans la volupté la plus enivrante: elle tient toujours une main sur ses yeux, étend l'autre par un mouvement gradué, & reste enfin immobile.)

Brillante image de la pensée, mélodieux organe du sentiment, éternisez mon illusion, ou anéantissez mon Être ! mon ame semble se multiplier par la variété de vos accens; adoucissez votre brûlante expression, ou vous allez me donner la mort par un excès de vie.

(Elle r'ouvre les yeux.)

Ah! je retrouve tout ce que j'avois perdu..... La nature n'est point anéantie?..... Je m'éveille, je renais avec elle.

(Elle voit les oiseaux dont elle a entendu le ramage.)

Que vois-je ! qu'ils sont légers ces Êtres sonores.... ils m'échappent! la fugitive Harmonie s'envole avec eux!

(Elle se lève avec vivacité, & veut s'élancer après les oiseaux.)

Je tremble; mon pied chancèle, la terre s'abaisse, les arbres s'agitent. Je vois les objets confondus, la verdure vagabonde.... tout est en mouvement; seule je reste immobile.....

Mais.... mon cœur s'ouvre à une impression nouvelle; une haleine suave, délicieuse embaume ce lieu. Je ne m'élance plus au-dehors; mes plaisirs sont tous dans moi-même.

Ces parfums sont-ils émanés de ces fleurs si délicatement colorées ? leur douce odeur les trahit .....

( *Elle étend la main pour les prendre.* )

Quoi, je ne puis y atteindre, moi qui croyois saisir tout ce que je vois ! .... Un si merveilleux objet est hors de ma portée ! mon œil le touche, & je ne puis en approcher. Ma vie n'est donc qu'un pénible desir; j'ai l'impuissance d'un Automate & la volonté d'un Dieu.

Je soupire.... Je languis, je brûle..... Pour une fleur ! Avançons. Mes genoux se dérobent sous moi.

( *Elle se r'assied avec quelque chagrin.* )

Ai-je donc perdu cette existence qui me promettoit le bonheur ?

( *Elle touche le pied d'un arbre.* )

J'interroge envain la nature, un corps muet & glacé repousse ma main.

( *Elle cueille un fruit.* )

Ce globe parfumé s'y abandonne ; il ſemble vouloir s'échapper.

Il vit ſans doute, & ne reſpire pas.... Quelle nouvelle chaleur s'excite en moi ! je preſſens une jouiſſance que je n'oſe concevoir. Moi, je pourrois déchirer un Être tout vivant ! n'importe, le beſoin commande, je n'y puis réſiſter.

( Elle goûte le fruit, & ſe lève après s'être long-tems eſſayée. Elle ſe promène à pas lents. )

( Après une longue pauſe. )

Mais pourquoi la nature offre-t-elle les mêmes objets à qui n'a plus les mêmes goûts ? une ſecrette inquiétude m'agite & me tourmente ; la tiède haleine du zéphyr me careſſe & m'enflâme ; de mes deſirs ſatisfaits naiſſent d'autres deſirs.....

Rien n'eſt ſeul dans la nature : les fleurs, les arbres, les oiſeaux ont leurs ſemblables.... Pandore n'en a point..... Quel ennui de n'avoir à parler qu'à des fleurs qui ne répondent pas, ou à des Dieux qui ſont ſourds ! ma ſolitude ſeroit-elle une preuve de leur impuiſſance ? ce jeune univers ſourit envain à mon âme attriſtée ; la nature eſt moins belle puiſque je ſuis ſeule à l'admirer. Un

Être encore, & elle étoit complette !.....
(Douloureusement.) Mais non, les Dieux sont avares du don de la vie...... (Elle s'assied.)

Eh, que ne me laissent-ils créer un objet à mon gré ! il ne seroit point inanimé comme cette matiere qui m'environne & me glace ! ce seroit l'asyle céleste & pur que je préparerois aux doux épanchemens de mon cœur. Je verserois dans son âme toute la sensibilité de la mienne ; j'épierois son sourire naissant ; j'aurois sa premiere caresse. Il seroit heureux de ma félicité, tendre de mon amour, vivant de ma vie.

Mais..... je m'appesantis ; mes sens s'émoussent. Émané du foyer de la nature, mon esprit meurt dans des organes glacés ; une molle langueur s'empare de moi. Je n'apperçois que des images mouvantes & confuses ; les objets n'ont plus que des teintes adoucies..... Ma pensée est lente & interrompue ; elle s'éteint & se ranime en diminuant ses foibles & mourantes lueurs. L'univers est plus tranquille..... Une voluptueuse mort m'accable & m'anéantit.

(Elle s'endort & s'éveille au bout de quelques instans en sursaut, & avec une surprise mêlée de crainte.)

Qu'ai-je vu ? eſt-ce un menſonge ? ai-je ceſſé d'exiſter ? Hermès m'a montré mon ſemblable..... Il eſt encore inanimé & ſon exiſtence dépend d'un ſeul baiſer...... Je puis donc la lui donner..... La lui devoir.

Hélas! oubliois-je l'arrêt porté par le deſtin? LE CRÉATEUR DE CET OBJET DEVIENDRA SON ESCLAVE. L'opprobre ſeroit donc le prix de la bienfaiſance ? Ah ! qu'il dorme à jamais ! ſon réveil ſeroit un crime.........

S'il s'éveilloit un jour, s'il n'étoit que mon ſemblable, criminel, il ſeroit plus à plaindre que moi.

Divinités protectrices, vous l'avez plongé dans le néant; ſon aſpect eut ſouillé la pureté de la nature. Tyran de Pandore, il pourroit l'être de l'univers ! Mais, que dis-je ? je croyois oublier l'univers dans ſes bras, adorer les Dieux dans une image, qui les eut peut-être embellis.....

Toi qui allumes dans tous les Êtres la pure flâme de la vie, entends mes ſoupirs, plus éloquens que ma voix ! mon ignorance eut fait mon bonheur, tes faveurs ont comblé ma misère. Réaliſe des déſirs inſpirés par toi;

accorde-moi une grace que les Déesses même n'imploreroient qu'avec timidité ! fais renaître l'image qui m'est échappée, ou bientôt je vais cesser d'être, je le sens à la foiblesse de mes organes & mieux encore à l'excès de ma douleur.... Mais, dois-je me plaindre ? je puis mourir, tu n'en peux faire autant. Tu es condamné au double ennui du suprême pouvoir & de l'immortalité. Répare, tu le peux, le malheur d'être immortel & sublime; crée ce que tu ne connus jamais.... Envoie du haut du ciel ~~la douce amitié~~ pour consoler la terre.

Mes vives palpitations trahissent ma douleur; mes soupirs tranchans soulèvent, déchirent mon sein; mes brûlantes larmes l'embrâsent.....

( *Impétueusement.* )

Vois ton ouvrage & mon désespoir. Le pire de mes tourmens est de t'avoir invoqué, & je me livre à ma fureur avec une espéce de volupté....

( *Le Théâtre s'obscurcit.* )

Le ciel s'éteint; l'air me pèse, & me brûle. La voûte céleste s'enflâme ! du sein des nuages jailliſſent des traits de feu. Puiſſant Hermès, anéantis Pandore ! épargne aux immortels la honte d'avoir créé un Être auſſi miſérable que moi !

J'entends gronder un bruit ſourd ! l'univers en a retenti ; fuyons....

(Elle fait quelques pas.)

Quoi, l'émotion de mon cœur paſſe juſqu'à la terre ! je la ſens s'agiter..... treſſaillir.... frémir ſous mes pas.... je me meurs.

(Le tonnerre éclate ; Pandore tombe évanouie ſur le gazon. Épiméthée paroît couché ſur le côté de la ſcène. Pandore ouvre les yeux ; elle a l'expreſſion d'une douce ſurpriſe. Elle ſe lève & marche avec lenteur & crainte. Elle fait un circuit pour arriver à Épiméthée.)

Que vois-je ! la ſurpriſe, l'effroi, tout m'arrête & me glace : juſte ciel, ſublime Hermès ! en croirai-je mes yeux & mon cœur ? je ne m'abuſe point ; l'univers eſt embelli, mon Être multiplié, la nature fécondée..... Approchons..... foible Pandore, tu trembles.... C'eſt un Être égal à toi.... C'eſt moins que toi.... Non, c'eſt mieux que moi.... Il a l'âme que je n'ai plus.....

Que dis-je ? ſon âme n'eſt pas la mienne. Qu'elle n'écloſe jamais ſous le toucher vivifiant de ma bouche.... Deſtinée à l'ingratitude, elle ne me devroit la vie que pour me l'arracher.

Grands Dieux, que ſa figure eſt auguſte & touchante ! les grâces y reſpirent. C'eſt à ces nobles traits que la nature reconnoîtroit ſon chef-d'œuvre & ſon roi.

La vie eſt répandue ſur ce beau corps, & elle ne peut l'animer ! la majeſté de ſon viſage, un ~~duvet léger ; une~~ mâle fierté décèlent un Être différent du mien. Sa beauté eſt perfide ; ſes traits promettent un Dieu, il ne ſeroit qu'un monſtre !

( Elle s'éloigne d'Épiméthée. )

Mais.... les Dieux ont voulu m'éprouver ; je m'abuſe peut-être. N'importe, ne l'éveillons point. Contentons-nous d'ajouter à ſes charmes ces brillans parfums que la nature fit ſans doute éclore pour l'amour.

( Elle cueille des fleurs & s'approche d'Épiméthée juſqu'à avoir un genou en terre ; mais la frayeur l'arrête. Elle ſe relève & laiſſe tomber les fleurs. )

Qu'allois-je faire ! inſtinct ſacré viens

épurer mon âme ! rends-moi tes premiers bienfaits, mes innocentes délices. Toi, les Dieux & mon cœur ſerez les ſeuls témoins de ma victoire..... Mais dois-je en effet triompher d'un ſentiment auſſi pur ? c'eſt l'amour qui m'enflâme & non la volupté ; la vie d'un objet aimé manque plus à mon cœur qu'à mes ſens !

( Elle ramaſſe des fleurs, s'enhardit & va parer Épiméthée. )

Brillantes fleurs, ne regrettez plus vos tiges ; vous décoriez la nature, venez former le diadême de ſon roi. Venez le parer...... Vous embellir par lui.

( Elle place une couronne de fleurs ſur la tête d'Épiméthée. )

Je me trompe.... moins près de cet objet vous étiez plus belles ! Eſt-il d'une nature autre que la mienne ? je dois le ſurpaſſer en force..... Non, il me ſemble que je ne pourrois me défendre contre lui ; mon plus doux triomphe ſeroit de lui céder ; ma victoire ſeroit dans ma défaite.

Proſternons-nous devant ce nouvel Être ; adorons-le. Si c'eſt un Génie, je lui dois mon hommage ; ſi c'eſt un mortel..... je le lui dois encore.

( *Elle ſe met à genoux ; ſon attitude eſt vive & mêlée d'accens très-pénétrés.* )

Toi que j'offenſe peut-être en aimant, ſerois-tu en effet une divinité ? ſi tu l'es, rends le calme à mes ſens ; dérobe ta céleſte image aux mains qui la profanent.... Arrache de mon cœur une folle paſſion qui me brûle & te bleſſe.... Dévoile-moi ta divine eſſence, apprends-moi le culte qui t'eſt dû !

( *Elle ſe lève avec précipitation.* )

Mais, non.... Si j'obtenois un Dieu, je perdrois un égal ; je t'aime trop pour t'adorer.

( *Après un ſilence où Pandore prend une attitude aſſurée avec des mouvemens aſſez vifs.* )

Le ciel m'inſpire.... Je puis braver la menace du deſtin. Ces guirlandes treſſées par mes mains peuvent enchaîner cet objet. Prévenons ſon ingratitude ; que le Tyran s'éveille eſclave.

( *Elle treſſe une guirlande. Elle enchaîne d'abord les mains, & ne parvient à une action aſſurée que par degrés.* )

( *Elle s'éloigne.* )

O Pandore, combien le délire des ſens égare ta penſée..... Il peut être enchaîné; mais ſon âme ſera libre... Eh quoi ! dois-je redouter une erreur après tant de foibleſſes ? Tout m'aſſure que l'univers le trouvera beau, que pour moi ſeule il ſera tendre, que ſon âme ſera auſſi divine que ſa figure. Il aimera un Être vivant ; je l'aime bien inanimé !

( Elle ſe tourne vers Épiméthée avec l'expreſſion la plus animée d'amour, & ſe penche inſenſiblement. )

C'en eſt fait, la loi du ſort, un invincible aſcendant, mon aveugle paſſion, tout l'ordonne, tu vas reſpirer..... Je vais mourir peut-être. Tu vas connoître la beauté & ce qui n'eſt pas elle. Que ne peux-tu voir les larmes de crainte, d'attendriſſement & d'amour que m'arrache l'inſtant où tu vas naître ! ſeront-elles les dernieres que tu m'auras coûté ? Sois digne de mon cœur, je ſerai trop payée. Puiſſai-je ne regretter jamais l'âme que je vais te prêter ! qu'une de ſes moitiés ne ſoit point réduite à déteſter l'autre ! Que dis-je ? je puis un jour devenir ta victime ; jamais ton ennemie. Mais ma lenteur m'accuſe,

& t'outrage ; le baiſer créateur qui doit t'animer erre déja ſur ma bouche.

( Elle s'avance tremblante & irréſolue. )

Mes yeux careſſent ce front majeſtueux dont mes timides lévres n'oſent approcher.... Quel trouble m'agite ? je tremble.... Rivale des Dieux, je vais créer..... & je ſuis mourante. Je vais lui donner ce qui lui manque.... & que je n'ai plus.

( Elle lui donne un baiſer, & jette un cri. Épiméthée s'anime, & rompt la guirlande de fleurs. Pandore fait quelques pas en fuyant ; mais elle revient en ſe jettant avec crainte & reſpect aux pieds d'Épiméthée. )

Ah ciel ! qu'ai-je fait ? pardonne Être puiſſant & fort. C'eſt moi.... c'eſt ma coupable main.... J'ai tiſſu la chaîne que tu briſes. Venge-toi ; remplis ta deſtinée. Ma liberté n'eſt plus, achève de m'en ôter le reſte....

ÉPIMÉTHÉE ( avec ſurpriſe. )

Moi, t'enchaîner !

PANDORE.

Oui, punis-moi. Que le ſecond des Êtres ſoit le premier des ingrats!

ÉPIMÉTHÉE (la relevant.)

Blesserai-je le ciel dans ma plus belle image?

PANDORE.

Si tu le blesses, tu peux t'en consoler; tu n'offenses que lui; mais moi, cent fois plus infortunée, j'ai offensé le ciel.... & ton cœur.

(Pandore & Épiméthée ne se quittent pas les mains. Épiméthée, ivre d'amour & de plaisir, la serre avec vivacité entre ses bras.)

ÉPIMÉTHÉE.

Qui es-tu, objet aimable & sensible?

PANDORE.

Je suis.... ton Amante.... Et toi?

ÉPIMÉTHÉE.

Je l'ignore.... mais dans tes bras, je suis un Dieu.

FIN.

---

Lu & approuvé, le 8 Février 1784. SUARD.

*Vu l'approbation, permis d'imprimer. A Paris, ce 14 Février 1784. LENOIR.*

www.ingramcontent.com/pod-product-compliance
Lightning Source LLC
LaVergne TN
LVHW052028160826
845678LV00003B/1242